LES

TREMBLEMENTS DE TERRE

DE

PARIS

ET DES

PRINCIPALES VILLES DE FRANCE

EN 1885, 1886, 1887, ETC.

PROPHÉTISÉS

PAR

NOTREDAME DIT NOSTRADAMUS

MIS EN ORDRE ET TRADUITS

PAR Félix DEPERLAS

> VIVANT N'A JAMAIS VU
> CE QU'IL POURRA BIEN VOIR
> *Sixain, 32*

PREMIÈRE PARTIE

LES TREMBLEMENSS DE TERRE

Prix net : 50 centimes

PARIS

EN VENTE CHEZ L'AUTEUR, RUE MONTESSUY, 26

Au bas de l'Avenue de la Bourdonnais (Champ–de–Mars)

et chez les principaux libraires

1885

OUVRAGES DU MÊME AUTEUR

1846. Nouvelle méthode pour abréger considérablement aux élèves et aux maîtres le temps consacré aux difficultés mécaniques du piano et de tous les instruments de musique. — Broch. in-8°.

> (Approuvée et recommandée par le Comité des études musicales du Conservatoire royal de musique de Paris.)

Prix net : 6 francs.

1857. Mémoire présenté à la Société impériale et centrale d'agriculture de Paris sur la fertilisation naturelle des marais tourbeux. — Broch. in-8°.

> (Approuvée par la Société impériale et centrale d'agriculture dans le rapport fait à sa séance solennelle de 1858.)

Prix net : 2 fr. 50.

1860. Des réformes et des institutions européennes, ou Vues par-dessus l'Europe, en 1860, sous le règne de Napoléon III. — 1 vol. gr. in-8°.

Prix net : 15 fr. (épuisé.)

1864. Chemins de fer agricoles ou populaires, ou Apport au budget d'un revenu d'environ 500 millions. — Broch. gr. in-8°.

Prix net : 3 fr. 50.

1864. Chemins agricoles ou populaires, ou Proposition d'adjonction de routes ferrées ou dallées à chevaux et de routes ordinaires aux chemins de fer à vapeur. — Broch. gr. in-8°.

Prix net : 3 fr. 50.

1864.   L'Angleterre aujourd'hui aux abois et peut-être demain
à l'agonie, ou Aristocrates, prenez garde à vous ! —
Broch. gr. in-8°.

Cette brochure n'a été imprimée qu'à l'état d'épreuves. Napoléon III n'en a pas permis l'impression.

Ces six premiers travaux sont signés de Levacher-D'Urclé. Ceux qui suivent sont signés de Deperlas.

1874.   Le Maréchal-Président et les d'Orléans. M. Thiers et la
Commune. — Broch. gr. in-8°.

Prix net : 2 fr. 50.

1874.   Le Maréchal de Mac-Mahon désigné dans Nostradamus
comme Président de la République. Broch. in-4°.

Prix net : 2 fr. (épuisé).

1876.   La destinée de M. le comte de Paris, d'après Nostradamus. — Broch. gr. in-8°.

Prix net : 2 fr. 50.

ŒUVRES DU MÊME AUTEUR

1880.   Découverte des causes de la maladie des pommes de
terre et de sa guérison, exposée à M. le ministre de
l'agriculture et du commerce. — Broch. gr. in-8°.

Prix net : 4 fr. 50.

1882.   Des graves erreurs des médecins de ce temps, de l'art
de se préserver des maladies, et de se guérir radica-
lement des paralysies, hydropisies, névralgies, maladies de cœur, maladies de l'appareil digestif, diabètes,
asthmes, gravelles, gouttes, maladies de poitrine et
épylepsies non constitutionnelles, surdités, cécités
et de toutes les MALADIES LENTES OU CHRONIQUES, REPUTÉES
JUSQU'ICI INCURABLES, SANS LE SECOURS D'AUCUN MÉDICAMENT,
PAR LES SEULS REMÈDES NATURELS DES CONTRAIRES, COR-
RECTIFS DES CAUSES, QUI LES ONT AMENÉES. — 1 vol.
gr. in-8°.

Prix net : 8 fr. 50.

1884. De l'ignorance ténébreuse de l'Église catholique et de l'évidence manifestée de la faillibilité de Jésus et de sa non divinité. — 1 vol gr. in-8°.

Prix net : 8 fr. 50.

1885. États-Unis du grand continent (Europe, Asie, Afrique). Première alliance des peuples avec la République française, indiquant les grands changements politiques prophétisés, qui vont avoir lieu en Europe en 1885, 1886 et 1887. — Gr. carte, format raisin.

Prix net : 3 fr. 75.

1885. Exposition de la loi souveraine d'électrisation et de magnétisation de l'organisme par le soleil, pour la guérison radicale de toutes les maladies lentes, telles que les paralysies, hydropisies, névralgies, maladies de cœur, maladies de l'appareil digestif, diabètes, asthmes, gravelles, gouttes, maladies de poitrine et épylepsies non constitutionnelles, surdités, cécités, et de toutes les maladies lentes ou chroniques, réputées jusqu'ici incurables. — Gr. tableau, format raisin.

Prix net : 4 fr. 50.

1885. 4 remèdes expérimentés, guérissant instantanément le choléra, la peste et la fièvre typhoïde. — Brochure gr. in-8°.

Prix net : 2 fr. 50.

———

Tout exemplaire non revêtu de la signature de l'auteur sera réputé contrefait.

Félix Deperlas

LES RÉVÉLATIONS DE LA PROVIDENCE

LES

TREMBLEMENTS DE TERRE

DE

PARIS

ET DES

PRINCIPALES VILLES DE FRANCE

EN 1885, 1886, 1887, ETC.

PROPHÉTISÉS

PAR

NOTREDAME DIT NOSTRADAMUS

MIS EN ORDRE ET TRADUITS

PAR Félix DEPERLAS

VIVANT N'A JAMAIS VU
CE QU'IL POURRA BIEN VOIR
Sixain 32

PREMIÈRE PARTIE

LES TREMBLEMENTS DE TERRE

PARIS

EN VENTE CHEZ L'AUTEUR, RUE MONTESSUY, 26
Au bas de l'Avenue de la Bourdonnais (Champ-de-Mars)
et chez les principaux libraires

1885

PARIS

FONDERIE SAINTIGNON, RUE NOTRE-DAME-DES-CHAMPS, 5

IMPRIMERIE DU PASSAGE DU PONT-NEUF, 20

TIRÉ CHEZ P. ALBERT-DUJARDIN, BOULEVARD MONTPARNASSE, 89

CLICHÉS DE VICTOR MICHEL, RUE DUGUAY-TROUIN, 5

ENCRES DE LORILLEUX

PAPIERS DE M. ODENT, BOULEVARD SAINT-MICHEL, 11

LES TREMBLEMENTS DE TERRE

DE PARIS

ET DES PRINCIPALES VILLES DE FRANCE

EN

1885, 1886, 1887, ETC.

Nos pères croyaient à la possibilité, pour de certaines organisations privilégiées, très rares à la vérité, d'annoncer l'avenir. Voltaire s'en est moqué; et il a fait loi, et notre génération ne croit plus aux prophéties en aucune façon. Nous allons nous moquer de Voltaire, très souvent spirituel, mais aussi trop souvent superficiel, et partant un peu de notre génération, qui n'est pas encore passée maîtresse en philosophie. En attendant que nous exposions nos raisons, nous rappellerons que Napoléon Ier, prisonnier en Égypte, malgré ses victoires, crut devoir s'exposer à traverser la flotte anglaise, qui lui barrait le chemin de la France, après avoir entendu une femme,

qui lui « dévoila son avenir, et lui marqua le
« terme et le temps de ses prospérités. Tu auras
« deux femmes, dit-elle, tu en répudieras une
« *à grand tort;* ce sera la première. La seconde
« ne lui sera point inférieure par ses grandes qua-
« lités. Elle te donnera un fils. Peu après com-
« menceront contre toi de sourdes intrigues. Tu
« cesseras bientôt d'être heureux et puissant. Tu
« seras renversé dans toutes tes espérances......
« Tu seras chassé par la force, et relégué sur une
« terre volcanique, entourée de mers et d'écueils.
« Garde-toi, mon fils, ajouta-t-elle encore, garde-
« toi de compter sur la fidélité de tes proches :
« ton propre sang doit s'élever contre ta domi-
« nation. » (Mémoires historiques et secrets de
l'Impératrice Joséphine, par Mlle Lenormand,
édit. de 1820, tom. 2, p. 486, note 48.)

A cette ridicule prétention de Voltaire de se
croire encyclopédiste, comme si un homme seul
pouvait l'être, de quelque génie dont Dieu l'eût
doué, à Voltaire nous opposons Napoléon Ier, qui
disait : « Nous devrions nous en rapporter pour
« tout à Celui qui régit l'Univers, et faire notre
« profit des étincelles de lumière, réparties parfois
« sur quelques êtres privilégiés, pour nous éclai-
« rer sur la route véritable, qu'il faut suivre, et
« nous prévenir des écueils, que nous pourrions y

« rencontrer. » (Même ouvrage que ci-dessus, tom. 2, p. 487 et 488.)

Avant de présenter au public cet ouvrage, qui doit forcément paraître par livraisons, pour pouvoir avertir à temps le monde des évènements, qui vont se dérouler comme les anneaux d'une chaîne, j'ai voulu relire l'article prophéties dans le Dictionnaire philosophique de Voltaire. J'ai rarement lu des observations aussi mal fondées. La Bible, dite ancien et nouveau testament, a été corrigée, altérée, falsifiée, interpolée un si grand nombre de fois, notamment au 2ᵉ, 3ᵉ, 4ᵉ, 5ᵉ 9ᵉ et 16ᵉ siècle, ainsi qu'il résulte d'un travail, que j'ai publié dans mon ouvrage de l'IGNORANCE TÉNÉBREUSE DE L'ÉGLISE CATHOLIQUE OU DE L'ÉVIDENCE MANIFESTÉE DE LA FAILLIBILITÉ DE JÉSUS ET DE SA NON DIVINITÉ, ouvrage, dont aucun député, voir même aucun journaliste, n'ont osé parler jusqu'ici, la Bible, dis-je, a été tellement altérée, que Voltaire, qui connaissait une partie de ces altérations, eut dû, se borner à dire que, dans l'état des choses, il était extrêmement difficile de se rendre compte de la valeur des prophéties, qui pouvaient y être contenues. Il eut dit la vérité, et d'autres, après lui, eussent éclairé cette question.

Je relève donc le gant jeté à nos pères et à nous, et seul contre tous, j'engage la bataille, et je terrasserai, je réduirai à rien tant d'esprits, qui se croient fort, et je resterai seul sur le terrain, armé du glaive de la raison.

Deux très grands prophètes ont illuminé le monde : Isaïe et Jésus. Nous parlerons de Jésus un peu plus loin. Parlons seulement aujourd'hui d'Isaïe.

LE PASSÉ

L'avenir n'est évidemment que la continuation du passé, qui, pour une époque plus antérieure, a été l'avenir. S'il existe réellement aujourd'hui des prophéties pour l'avenir, il doit en avoir existé dans le passé. Malgré toutes les altérations, qu'a subies l'ancien testament, il en existe encore quelques-unes, notamment une, à laquelle on ne comprendrait pas qu'on eut touché, c'est celle, que contient le chapitre 24 d'Isaïe. La voici :

1. « VOICI VENIR LE TEMPS, OU DIEU VA DÉSOR-
« GANISER LA SOCIÉTÉ, FAIRE VOIR LA TERRE NUE,
« PRIVÉE DE SES RÉCOLTES, LA RENVERSER DANS
« SON ASPECT, ET DISPERSER ÇA ET LA SES HABI-
« BITANTS. »

2. « ET ALORS LE PRÊTRE SERA COMME LE
« PEUPLE, LE MAÎTRE COMME L'ESCLAVE, LA MAÎ-
« TRESSE COMME LA SERVANTE, LE VENDEUR

« COMME L'ACHETEUR, LE PRÊTEUR COMME L'EM-
« PRUNTEUR, LE CRÉANCIER COMME LE DÉBI-
« TEUR. »

3. « IL N'Y AURA QUE DISSIPATIONS, QUE PERTES
« SUR LA TERRE, QUE VOLS ET QUE PILLAGES, CAR
« C'EST DIEU, QUI, CONTRE ELLE, AURA PRONONCÉ
« CET ARRÊT. »

4. « ON PLEURERA SUR LA TERRE, ON S'Y ABAN-
« DONNERA AU MILIEU DES LARMES, ET L'ON Y TOM-
« BERA MALADE. ON PLEURERA ABONDAMMENT
« DANS LES VILLES, ET LES HOMMES, QUI SERONT A
« LEUR TÊTE, Y TOMBERONT MALADES AUSSI. »

5. « ET LA SOCIÉTÉ SE VICIERA, PARCE QU'ON
« IRA AU DELA DES LOIS, PARCE QU'ON CHANGERA
« LE DROIT, PARCE QU'ON DÉSORGANISERA CE QUI
« AURA SEMBLÉ ÊTRE PASSÉ JUSQUES LA EN ÉTER-
« NEL CONTRAT. »

6. « A CAUSE DE CE DÉSORDRE, LA MALÉDICTION
« DÉVORERA LA SOCIÉTÉ, ET LES HABITANTS DE LA
« TERRE TOMBERONT DANS LES PÉCHÉS ; ET C'EST
« POUR CELA AUSSI QUE LES CULTIVATEURS DE-
« VIENDRONT FOUS, ET QUE PEU D'HOMMES RESTE-
« RONT SUR LA TERRE. »

7. « LA VENDANGE SERA DANS LES PLEURS, LA
« VIGNE TOMBERA MALADE, ET CEUX QUI SE RÉ-
« JOUISSENT EN LEUR CŒUR, GÉMIRONT. »

8. « LA JOIE D'ENTENDRE LES TAMBOURS CES-

« SERA, LA JOIE DE CEUX QUI SE RÉJOUISSENT, CES-
« SERA, ET L'ON N'ENTENDRA PLUS LES CHANTS SI
« CÉLESTES DE LA HARPE. »

9. « ON NE BOIRA PLUS DE VIN EN CHANTANT :
« LA BOISSON, QUI LE REMPLACERA, SERA AMÈRE. »

10. « LA VILLE DE LA VANITÉ (est-ce Paris?)
« SERA CULBUTÉE : TOUTES LES MAISONS EN SE-
« RONT FERMÉES, ET PERSONNE N'Y ENTRERA
« PLUS. »

11. « LES CRIS RETENTIRONT DANS LES RUES,
« PARCE QU'ON NE POURRA PLUS SE PROCURER DE
« VIN; TOUS LES DIVERTISSEMENTS SERONT DÉLAIS-
« SÉS; TOUTE LA JOIE DE LA TERRE SERA PAR-
« TIE. »

12. « LES VILLES SERONT ABANDONNÉES ET
« DÉSERTES, ET LA CALAMITÉ EN ASSIÉGERA LES
« PORTES. »

18. « CELUI QUI, TERRIFIÉ, SE SAUVERA, TOM-
« BERA DANS UNE FOSSE, ET CELUI, QUI SORTIRA
« DE LA FOSSE, SERA PRISONNIER DANS UN PIÉGE,
« PARCE QUE LES CATARACTES DU CIEL SERONT
« OUVERTES, ET QUE *LA CROUTE TERRESTRE*
« *SERA SECOUÉE.* »

21. « DIEU, EN CE TEMPS-LA, VISITERA LES
« ARMES, QU'IL A DANS LES CIEUX, ET AUSSI LES
« ROIS DU MONDE, QUI SONT SUR LA TERRE. »

22. « IL LES RAMASSERA, ET LES LIERA ENSEMBLE

« EN UN SEUL FAISCEAU, ET LES JETTERA DANS UN

« LAC, OU IL LES RETIENDRA LA PRISONNIERS. »
(Isaïe, Chapitre 24. versets 1 à 12, 18, 21, 22.).

Voilà assurément un chapitre qui vaut la peine d'être mentionné et commenté au moins en ce qui concerne ici notre sujet. Nous allons y revenir, mais, pour le moment, nous croyons devoir donner à nos lecteurs l'énoncé des deux premiers tremblements de terre :

OUY SOUBS TERRE SAINCTE DAME, VOIX SAINTE,
HUMAINE FLAMME POUR DIVINE VOIR LUIRE.

(Centurie, 4, quatrain 24.)

Traduction littérale : On entendra sous la terre les bruits d'une sainte Dame, d'un saint avertissement, et l'on verra luire, sortant de terre, une flamme, en lieu et place des enseignements de Dieu devenus inutiles.

Commentaire : On verra plus loin que je suis autorisé à croire que ces premiers bruits souterrains devront être entendus au bois de Boulogne, entre le Mont-Valérien et Madrid ou Bagatelle, dans l'emplacement consacré aux revues, aux courses, à Longchamp.

PAR GRAND DISCORD LA TERRE TREMBLERA,
ACCORD ROMPU, DRESSANT LA TESTE AU CIEL.

(Centurie 1, quatr. 57.)

Traduction littérale : Au moment d'un grand discord la terre tremblera. L'accord sera rompu, et chaque parti lévera la tête au ciel, pour l'interroger sur l'avenir.

Ces magnifiques paroles de Victor HUGO, si nettes et si tranchées, arrêtées dès 1883 :

« JE REFUSE LES ORAISONS FUNÈBRES DE TOUTES
« LES ÉGLISES; JE DEMANDE UNE PRIÈRE A TOUTES
« LES AMES. »

« JE CROIS EN DIEU. »

sont une déclaration de guerre jetée à la face des 4 Églises Catholique, Protestante, Anglicane, Grecque; dégénérations scandaleuses de l'irréprochable Christianisme, dont elles sont, à diverses époques, toutes les 4 sorties. C'est par l'intrigue, la violence, les inquisitions et le sang, à toutes les époques, que toutes les 4 se sont toujours soutenues. Aucune Église n'est pure, toutes les 4 sont tachées de sang. L'esprit infernal de domination et la violence font encore aujourd'hui leurs œuvres à toutes les 4, pendant que l'innocence, la pureté d'intention, l'ascendant si naturel de la seule vérité, l'amour sont les seules bases, sur lesquelles une Église peut s'édifier pour toujours; et c'est pour cela que le grand homme leur jette à la face cette dénégation, et leur dit : JE REFUSE LES ORAISONS FUNÈBRES DE TOUTES LES ÉGLISES, JE

PRÉFÈRE A TOUTES VOS PRIÈRES DE PRÊTRES CELLES DU MONDE, MOINS COUPABLE QUE VOUS. JE CROIS EN DIEU SEUL, ET NON PAS EN AUCUN DE VOUS. ET C'EST AINSI QU'AUJOURD'HUI CES 4 ÉGLISES SONT RÉPROUVÉES, STIGMATISÉES ET A TOUT JAMAIS MAUDITES PAR L'AME AGONISANTE DE CE GRAND HOMME.

Que ceux qui ont reçu des oreilles pour entendre, entendent la voix, qui sort de ce tombeau.

Mais si ces 4 Églises sont à tout jamais maudites, sont maudits aussi, tous les rois, qui les soutiennent, car les vérités s'enchaînent ; par l'ami on connaît l'ami, qu'on veut connaître, et c'est ainsi qu'à un moment donné les chutes des Églises entraîneront infailliblement celles des rois.

Mais si les prêtres mentent impudemment à qui mieux mieux, mentent aussi impudemment ces gens, qui sous le vain prétexte de se dire libres-penseurs, insultent la bonté de Dieu, en disant dans toutes les conférences, particulièrement dans toutes celles de Paris : *Il n'y a pas de Dieu, il n'y a pas d'âme, il n'y a pas de vie future.* Pauvres petits myrmidons, parlez-vous du fond du cœur ? Mais vos relations d'homme à homme déjà vous trahissent, et pour vous faire agoniser

plus vite, le grand homme vous dit : JE CROIS EN
DIEU.

« On sait assez, a écrit M. de Bonald, ce que
« peuvent être l'athéisme et le matérialisme avec
« la culture de l'esprit, la décence des mœurs,
« les aisances de la vie; mais que seraient-ils
« avec l'ignorance, la misère et la grossièreté?
« Jusqu'à présent, ils n'ont servi qu'aux passions
« douces et faibles des gens du monde, mais s'ils
« venaient jamais à armer les passions cupides et
« féroces du mercenaire, si le secret de ces fu-
« nestes doctrines, longtemps renfermées dans
« les académies et les cités opulentes, se divul-
« guait dans les campagnes, et qu'il n'y eut plus
« de Dieu ni de vie future, même pour les chau-
« mières, tout équilibre serait rompu entre la
« force physique de la multitude et la force mo-
« rale du pouvoir de ses ministres. Le monde
« verrait des désordres, qu'il n'a pas vus dans les
« temps les plus désastreux et chez les peuples
« les plus barbares, des désordres, dont les extra-
« vagantes horreurs de 1793 peuvent nous donner
« quelque idée. Les hommes tomberaient dans
« une dépendance sauvage, qui n'a jamais été
« que celle des animaux dans les forêts. La pro-
« priété de sa vie, de ses biens, des objets les
« plus légitimes des affections humaines, ne